ESCRITO POR VERONICA AGUILLÓN
ILUSTRADO POR AMANDA MARQUES

Para Lincoln
Mi pequeña inspiración y el niño de 3 años
más imaginativo que conozco.
El bebé de tu mamá para siempre,
te amo 3 millones de dólares.

¡Hola, soy Lincoln! Soy un niño de 3 años
con el pelo largo y suelto y una gran
imaginación. Me encanta ser yo,
pero a veces ser yo no es divertido.
Mi mamá dice que ser yo es muy impresionante.

Ella dice que desearía ser un niño
como yo a veces.
Yo digo…

Ser Lincoln no es divertido.

¡Hola!

Cuando duermo, sé que mis padres
están teniendo muchas
aventuras divertidas sin mí.
Me dicen que soy demasiado
pequeño para ir con ellos.

Ser Lincoln no es divertido.

Si no fuera Lincoln, emprendería mi
propia aventura.
Acamparía en el bosque y contaría
todas las estrellas. Podría ir a cualquier parte,
pero sobre todo podría SER
tantas cosas si no fuera Lincoln.

Ser Lincoln no es divertido.

Una de las razones por las que no
me gusta ser yo es que tengo que
comer mis verduras todos los días,
incluso los que no me gustan.

Ser Lincoln no es divertido.

Pero que si…

Yo era un dinosaurio,
podía comer lo que quisiera.
Comería bombones para el desayuno
y galletas para el almuerzo.
Podía comer lo que quisiera y
NADA de eso sería verduras.

CHIPS

Muchas veces, mamá me dice
que baje la voz incluso cuando
estoy muy emocionada y es un fastidio.
Es divertido ser ruidoso,
especialmente cuando tienes
una buena razón para serlo.

Ser Lincoln no es divertido.

-Shhh!!

Si yo fuera un dinosaurio
podría RUGIR tan fuerte como quisiera.
Cantaba todas mis canciones favoritas
y hacía todos mis sonidos favoritos.
Incluso jugaría con todos los
juguetes ruidosos.
A mami odia cuando juego con esos
juguetes que le lastiman los oídos.

ROOAR
TAP
TAP
TAP

Mami también me hace
bañarme todos los días,
incluso cuando sé que no estoy sucio.
Normalmente corro y me escondo,
pero de alguna manera
ella siempre me encuentra.

Ser Lincoln no es divertido.

Si yo fuera un dinosaurio,
nunca me bañaria.
Correría a través de enormes charcos
de dinosaurios y me aseguraría
de pisar más fuerte.
¡Los charcos de barro
son mis favoritos!

Mami incluso me dice
que me acueste temprano,
incluso cuando no estoy cansado.
La mayor parte del tiempo me
escondo debajo de mi frazada
con mi linterna y juego con mis juguetes.
Pienso en todas las cosas geniales
que podría estar haciendo si
no fuera la hora de dormir.

Ser Lincoln no es divertido.

Si fuera un dinosaurio,
me quedaría despierto y
jugaría todo lo que quisiera.
Sé que los dinosaurios
no tienen hora de acostarse.

Mi juego favorito más absoluto
para jugar es cuando finjo que el piso es lava.
Salto de un sofá a otro y soy
muy buena para no tocar el suelo.
Mami siempre me dice que tenga
cuidado porque me puedo
lastimar y me hace sentar.
Piso es Lava es MUCHO más divertido
cuando puedes saltar sobre los muebles.

Ser Lincoln no es divertido.

Si yo fuera un dinosaurio, saltaría
sobre los muebles todo el día y
jugaría mi juego favorito.
Saltaría los saltos más altos y
subiría a la punta del sofá y nunca...

¡¡¡¡¡¡AY!!!!!!

¡¡¡AY!!!...

Ser Lincoln no es divertido,
pero cuando me lastimo,
mamá está ahí para besarme.
Y si yo fuera un dinosaurio,
ella podría estar demasiado asustada
para secarme las lágrimas o abrazarme.

Entonces, por ahora…
tal vez ser Lincoln no parezca
tan malo después de todo.

FINAL

Me pregunto
¿qué puedo ser
el próximo?

www.ingramcontent.com/pod-product-compliance
Lightning Source LLC
LaVergne TN
LVHW071129160826
845679LV00005B/1226

* 9 7 9 8 3 7 0 4 5 2 4 4 4 *